Irina Ose | Bernhard Preusche

Moderationsmaterial Ethische Fallbesprechungen

Eine Arbeitshilfe

AF727381

LAMBERTUS

LAMBERTUS+ App inside

Laden Sie dieses Buch kostenlos auf Ihr Smartphone, Tablet und/oder Ihren PC und profitieren Sie von zahlreichen Vorteilen:

- **kostenlos:** Der Online-Zugriff ist bereits im Preis dieses Buchs enthalten
- **verlinkt:** Die Inhaltsverzeichnisse sind direkt verlinkt, und Sie können selbst Lesezeichen hinzufügen
- **durchsuchbar:** Recherchemöglichkeiten wie in einer Datenbank
- **annotierbar:** Fügen Sie an beliebigen Textstellen eigene Annotationen hinzu
- **sozial:** Teilen Sie markierte Texte oder Annotationen bequem per E-Mail oder Facebook

Aktivierungscode: IOBP-2022

Passwort: 0871-6992

Download App Store/Google play:

- **App Store/Google play** öffnen
- Im Feld **Suchen Lambertus**+ eingeben
- **Laden** und **starten** Sie die **Lambertus**+ **App**
- Oben links den Aktivierungsbereich anklicken um das E-Book freizuschalten
- Bei **Produkte aktivieren** den **Aktivierungscode** und das **Passwort** eingeben und mit **Aktivieren** bestätigen
- Mit dem Button **Bibliothek** oben links gelangen Sie zu den Büchern

PC-Version:

- Gehen Sie auf **www.lambertus.de/appinside**
- **Aktivierungscodes** oben anklicken, um das E-Book freizuschalten
- **Aktivierungscode** und **Passwort** eingeben und mit **Aktivieren** bestätigen
- Wenn Sie Zusatzfunktionen wie persönliche Notizen und Lesezeichen nutzen möchten, können Sie sich oben rechts mit einer persönlichen E-Mail-Adresse dafür registrieren
- Mit dem Button **Bibliothek** oben links gelangen Sie zu den Büchern

Jetzt unter www.lambertus.de/appinside | Laden im App Store | JETZT BEI Google play

Bei Fragen wenden Sie sich gerne an uns:
Lambertus-Verlag GmbH – Tel. 0761/36825-24 oder
E-Mail an info@lambertus.de

LAMBERTUS
SOZIAL | RECHT | CARITAS

Irina Ose | Bernhard Preusche

Moderationsmaterial Ethische Fallbesprechungen

Eine Arbeitshilfe

LAMBERTUS

Bibliografische Information der Deutschen Nationalbibliothek

Die Deutsche Nationalbibliothek verzeichnet diese Publikation in der Deutschen Nationalbibliografie; detaillierte bibliografische Daten sind im Internet über http://dnb.d-nb.de abrufbar.

1. Auflage 2022
Alle Rechte vorbehalten
© 2022, Lambertus-Verlag GmbH
Karlstraße 40, 79104 Freiburg im Breisgau
www.lambertus.de, info@lambertus.de
Umschlaggestaltung: Nathalie Kupfermann, Bollschweil
Druck: WIRmachenDRUCK GmbH, Backnang
ISBN 978-3-7841-3498-7
ISBN eBook 978-3-7841-3499-4

Inhalt

Abkürzungen

bzw.	beziehungsweise
EFB	Ethische Fallbesprechung
FC	Flipchart
MA	Mitarbeitende
MK	Moderationskarte
TN	Teilnehmende

Allgemeine Einführung

Im Alltag der Altenhilfe und der Eingliederungshilfe gibt es vielfältige Erfahrungen von Situationen eines betreuten oder gepflegten Menschen, die ein **„ethisches Bauchgrimmen oder -grummeln"** verursachen können (vgl. Grummelmännchen S. 32). Dies kann dadurch geschehen, dass sich eine Situation verändert, der körperliche oder seelische Zustand eines Menschen oder die Rahmenbedingungen oder Ressourcen. Manchmal verändert sich aber über lange Zeit nichts und auch das kann zum Problem werden, wenn z. B. Maßnahmen, die als kurzzeitige Intervention gedacht waren, als dauerhafte Lösung nicht zielführend sind.

Oftmals ist keine eindeutige oder konsensfähige Lösung offensichtlich. Stattdessen zeigt sich eine unbefriedigende Situation dadurch, dass die Situation den*die Bewohner*in oder Klient*in belastet oder den Menschen aus dem Umfeld Sorgen bereitet. Pflegenden, Betreuenden, Ärzt*innen, Angehörigen u. a. gehen die Bewohner*innen und Klient*innen nicht mehr aus dem Kopf und Teambesprechungen oder Supervisionen beschäftigen sich auffallend häufig und lange mit ihnen.

Die **Ethische Fallbesprechung (EFB)** ist ein Instrument, um scheinbar ausweglose Situationen (Dilemmata) oder sehr unsichere Entscheidungen interdisziplinär und methodisch zu überdenken und so zu bestmöglichen Handlungsempfehlungen zu kommen.

Der erste Teil des vorliegenden Materials, der sogenannte Ethikdetektor, versucht das „ethische Bauchgrimmen" aufspürbar und identifizierbar zu machen. Die einfachen Fragen geben einen Hinweis darauf, ob ein Thema eher ethischer oder eher anderer (medizinischer, pädagogischer, seelsorglicher, supervisorischer, betreuungs-, personal- oder haftungsrechtlicher usw.) Art ist. Dabei ist unbedingt zu beachten, dass sich diese Disziplinen im besten Fall ergänzen und nicht ausschließen. Es gibt aber Fälle, die z. B. durch einen Anruf beim behandelnden Mediziner oder bei der hauseigenen Justiziarin schnell geklärt werden können, ohne eine EFB einzuberufen. Das Bauchgrimmen kommt in solchen Fällen oft deshalb zustande, weil niemand gern zugibt, dass ihm ein bestimmtes Fachwissen fehlt, oder weil bestimmte (persönliche) Vorerfahrungen die direkte Kommunikation blockieren. EFBen sind immer auch Kommunikationsbrücken.

Um Ressourcen zu schonen, sind „einfache Probleme" in der Vorbereitung einer Ethischen Fallbesprechung herauszufiltern. Insofern kommt z. B. den Vorgesprächen eine besondere Bedeutung zu. Im vorliegenden Material finden sich dazu **Hinweise, welche Informationen vor der EFB von dem*der Moderator*in eingeholt werden sollten.**

Zudem gibt es **Hinweise zu einzelnen Schritten** und **fertiges Moderationsmaterial** mit Moderationskarten, um die Schritte einer EFB in der Durchführung zu unterstützen.

Der Anspruch dieses Moderationsmaterials ist, dass es die Durchführung einer EFB erleichtert, ethisch komplexe Inhalte möglichst einfach und treffend mit Worten und Bildern besprechbar werden, so dass im Sinn der uns anvertrauten Menschen ethische Themen im Alltag einer diakonischen[1] Einrichtung regelmäßig besprochen und geklärt werden können. Es soll roter Faden und Sprungbrett sein und kann gerne für den eigenen Bedarf angepasst werden!

---

1 Wir wollen hier keine konfessionellen Gräben öffnen. Vielmehr verstehen wir diakonisch im wörtlichen Sinne als ‚dienend'. Gemeint sind deshalb auch caritative und private Einrichtungen der freien Wohlfahrtspflege.

Ethikdetektor

Der nachfolgende **Ethikdetektor** soll aufzuspüren helfen, **ob eine EFB methodisch angemessen** ist. Seine Fragen präzisieren sozusagen das, was als **„ethisches Bauchgrimmen"** wahrgenommen wird. **Sinnvoll** ist es, dass **in jedem Team** Mitarbeitende den **Ethikdetektor kennen und anwenden können**.

Vorlage Ethikdetektor

Der Ethikdetektor ist schnell handhabbar und kann einen ersten Hinweis dafür geben, ob das Einberufen einer EFB eine Öffnung in eine schwierige Situation bringen kann.

Die Fragen sollten intuitiv und ohne langes Nachdenken beantwortet werden. Wörter, wie z. B. Angemessenheit oder Wertvorstellung, sollten nach eigenem Ermessen verstanden werden. Es geht nicht um richtig oder falsch.

Je mehr Fragen mit „ja" beantwortet werden, desto deutlicher sind die Hinweise auf die Angemessenheit einer EFB! Aber auch schon ein „Ja" (insbesondere bei den Fragen 1 bis 6) ist ein Hinweis auf eine EFB!

Ethikdetektor	Ja	nein
1. Den pflegerischen, medizinischen oder pädagogischen Wunsch von Frau*Herrn .... können wir nicht erfüllen. Die Erfüllung ihres*seines Wunsches verbessert die Situation nicht.		
2. Wir möchten das Richtige tun. Was wir richtig finden, passt nicht zu den Wünschen und Bedürfnissen von Frau*Herrn		
3. Der Zustand verschlechtert sich, auch wenn wir tun, was wir können.		
4. Frau*Herr .... hat Schmerzen und andere Einschränkungen. Es geht ihr*ihm nicht gut. Eine Verbesserung wird es kaum geben.		
5. Die durchgeführten Maßnahmen sind nicht im Sinne von Frau*Herrn .... Sie*er ist mit der Situation nicht einverstanden.		
6. Eine Zeitlang war die schwierige Situation auszuhalten. Als Dauerzustand ist sie unzumutbar.		
7. Ich/Wir Kolleg*innen fühlen uns unsicher. Wir brauchen Unterstützung. Dann können wir eine Entscheidung treffen.		
8. Der Umgang mit Frau*Herrn .... passt nicht zu meinen Vorstellungen oder zum Leitsatz in unserem Haus. Wir gehen mit Menschen anders um.		
9. Auch den Kolleg*innen fällt eine Entscheidung schwer.		
10. Egal was wir tun: Es könnte immer falsch sein.		
11. Durch Probleme bei Frau*Herrn .... können wir nicht richtig auf die Bedürfnisse von anderen Bewohner*innen oder Klient*innen eingehen. Für die anderen bleibt zu wenig Zeit oder Kraft.		

Vorbereitungen einer EFB

Wenn eine Anfrage für eine EFB eingegangen ist, führt der*-die Moderator*in, wenn möglich mit allen Beteiligten, mindestens jedoch mit dem*der anfragenden Teilnehmenden (im Folgenden Fallgeber*in genannt) Vorgespräche.

Ziel der Vorgespräche ist es, dass sich der*die Moderator*in ein erstes Bild von der Situation, dem Fall und den Beteiligten macht. Die Vorabinformationen betreffen z. B. biografische, medizinische, (betreuungs-)rechtliche und fachpädagogische Tatsachen der Person, von der die EFB handelt. Dabei sollte auch überlegt werden, wer an einer EFB teilnehmen sollte.

Den nachfolgenden Vorbereitungsbogen kann der*die Moderator*in im gemeinsamen Gespräch mit mindestens dem*der Fallgeber*in ausfüllen; ggf. sind weitere Teilnehmende wie z. B. Ärzt*innen und Angehörige zu befragen. Der Vorbereitungsbogen erleichtert Vorbereitung und Einstieg der EFB.

Wer ruft eine EFB ein?

Eine Organisation legt selbst fest, welche Personen dazu berechtigt sind, zu einer EFB einzuladen. In der Regel werden Leitungspersonen (Teamleitung, Pflegedienstleitung, Werkstattleitung, Hausleitung etc.) die Sorgen der Mitarbeitenden wahrnehmen und die notwendigen Kontaktdaten aller Beteiligten besitzen.

Vorlage Vorbereitungsbogen

Vorbereitungsbogen zur Ethischen Fallbesprechung von ……… ………………………………………………………………	P
1. Name, Geburtsjahr, Wohn- bzw. Hilfebereich, Zeitraum (seit Aufnahme) der*des Klientin*en/ Bewohners*in ………………………………………………………………………………………	
2. Problembeschreibung Wie ist die aktuelle Lebenssituation und was dabei wird von wem als Problem empfunden? (Kurzbeschreibung, ggf. Stichpunkte zu Biografie, med. Diagnose/Prognose, Patient*innenverfügung, Tagesstruktur, Haltungen etc.)	2a
3. Ethische Einordnung Welche Werte der vier medizin-ethischen Prinzipien treten in einen Konflikt **(vom*von der Ethikmode-rator*in auszufüllen**; Mehrfachnennung möglich)? ☐ Autonomie versus Fürsorge ☐ Autonomie versus Nichtschaden ☐ Autonomie versus Gerechtigkeit ☐ Fürsorge versus Nichtschaden ☐ Fürsorge versus Gerechtigkeit ☐ Gerechtigkeit versus Nichtschaden	
4. Teilnehmende ☐ (Haus-)Ärztin*Arzt: Frau*Herr Dr. ……………………………… ☐ gesetzl. Betreuer*in, Angehörige*r, Nahestehen- de*r: Frau *Herr…………………………………………………………… ☐ (Bezugs-)Pfleger*in: Frau*Herr …………………………… ☐ Gruppen bzw. Teamleitung: Frau*Herr ……………………… ☐ Hausleitung: Frau*Herr …………………………………………… ☐ pädagogischer bzw. psychologischer Fachdienst: Frau*Herr …………………………………………………………………… weitere ☐ ……………………… (Funktion): Frau*Herr …………………… ☐ ……………………… (Funktion): Frau*Herr ……………………	1

Klärung der Rahmenbedingungen unmittelbar vor der EFB

Wenn entschieden ist, dass es zu einer EFB kommt, sind folgende Rahmenbedingungen zu klären:

- Ort, Raum, Zeit, Zeitfenster (Dauer der EFB ca. 1,5–2h)
- Einladung (s. Vorlage)
- Flipcharts (nach Möglichkeit: FC 5–8 sollten an zunächst zwei umgedrehten Pinnwänden hängen, FC 4 und 9 ebenfalls an einer Pinnwand)
- Handout zu den vier medizin-ethischen Prinzipien (siehe Vorlage)
- Moderationsmaterial (Moderationskarten, Pinnnadeln, Pinnwände, Flipchart, verschiedenfarbige Eddings)
- Namensschilder

Die EFB wird im Idealfall von zwei Moderator*innen als Team moderiert. Im Vorfeld klären beide ihre Rollen und ihr Vorgehen in der Moderation. Zwei unterschiedliche Modelle sind zum Beispiel denkbar:

1. Moderator*in A übernimmt die Gesprächsführung, Moderator*in B übernimmt die Moderationsinfrastruktur, indem er*sie visualisiert, das Protokoll führt, auf die Zeit achtet und andere organisatorische Dinge im Auge hat.
2. Moderator*in A und B wechseln sich mit Gesprächsführung und der Moderationsinfrastruktur ab (z. B. zwischen den Schritten oder nach der Hälfte).

Die Aufgabenverteilung sollte den Teilnehmenden im 1. Schritt kommuniziert werden.

Wahrscheinlich wird in der Realität nur ein*e Moderator*in die EFB begleiten. Moderation und Mitschrift am Flipchart liegen dann in einer Hand. Umso nützlicher können die folgenden vorgefertigten Flipcharts und Moderationskarten sein.

Vorlage Einladungs-E-Mail

Sehr geehrte Damen und Herren,

wie angekündigt lade ich Sie für ca. 2 Stunden zur Ethischen Fallbesprechung von Frau*Herrn ______________________________
(Name und Wohngruppe bzw. Betreuungsbereich)

am __.__.____ um __:__ Uhr
(Datum)

im ______________________________
(Raum und Ort) ein.

⇨ ______________________________

⇨ ______________________________

⇨ ______________________________

⇨ ______________________________

(Auflistung der Teilnehmenden mit Titel, Name und Funktion, z. B. Herr Dr. Maier, Hausarzt)

Freundliche Grüße,
(Name und Funktion des*der Einladenden)

EFB-Verlauf

Schritt 1:
Begrüßung, Ablaufplan, Vorstellungsrunde

Nachdem der*die Moderator*in die vorbereiteten Flipcharts angebracht hat und alle Teilnehmenden eingetroffen sind, folgt eine kurze freundliche Begrüßung mit einführenden Worten zur EFB und die Vorstellung des Ablaufplans (FC 2). Anschließend stellen sich alle mit Namen, Funktion und Bezug zur pflege- und/oder betreuungsbedürftigen Person vor (MK 1–3). Die Vorstellungsrunde sollte möglichst kurz gehalten werden.

Schritt 2:
Situationsbeschreibung

In der Situationsbeschreibung sollten alle relevanten Fakten und Einschätzungen inkl. Sorgen der Beteiligten zur Sprache gebracht werden. Sie ist die Grundlage für alles Weitere, deshalb sollten alle Teilnehmenden die Gelegenheit bekommen, etwas aus ihrer Perspektive beizutragen. Für konkrete (Nach-)Fragen können die MK 4–8 hilfreich sein.

Dieser Teil kann eine Stunde (die Hälfte der geplanten Zeit) in Anspruch nehmen.

Aufgabe von Moderator*innen ist es, die Fakten und Einschätzungen möglichst präzise und verständlich schriftlich festzuhalten, um später darauf zurückkommen zu können (FC 3).

Dieser Schritt 2 endet mit der Formulierung der Herausforderung/der Sorge, die Anlass für die EFB ist (FC 4, MK 9). Es ist wichtig, dazu einen Satz zu formulieren. An dieser Stelle dürfen die Moderator*innen inhaltlich einen Formulierungsvorschlag machen. Sie sollten sich rückversichern, dass dem grundsätzlich alle Teilnehmenden zustimmen können.

Schritt 3: Konkretisierung der medizin-ethischen Prinzipien

Kern der EFB ist die Konkretisierung der vier medizin-ethischen Prinzipien:

- Respekt vor der Autonomie
- Nichtschaden
- Fürsorge/Wohltun
- Gerechtigkeit

Durch spezifische Fragen (vgl. Handout, MK 10–14) werden die Teilnehmenden geleitet, die allgemeinen Prinzipien an die Situation der pflege- und/oder betreuungsbedürftigen Person anzupassen und zu konkretisieren (FC 5–8).

Ziel ist es, neue Perspektiven zu gewinnen, die in pädagogischen Fallbesprechungen, Teambesprechungen oder (Schicht-)Übergaben meist nicht explizit zur Sprache kommen. Außerdem führt der verpflichtende Charakter der Prinzipien (Normativität) in der Folge häufig dazu, dass neue Handlungsoptionen erschlossen werden.

Die Prinzipien können dann in einen Zusammenhang zu der in Schritt 2 formulierten Herausforderung/Sorge gebracht werden (FC 4; MK 15).

Hinweis: Es ist gut, als Moderator*in zu wissen, dass die vier medizin-ethischen Prinzipien ursprünglich von ihren Autoren als „prima facie"-Prinzipien entwickelt worden sind, die auf den ersten Blick (prima facie) gleich-gültig nebeneinander stehen. Auch wenn die moralische Intuition und das Patienten- und Betreuungsrecht die Teilnehmenden dazu drängt, das Autonomieprinzip als vorrangig zu betrachten, darf nicht nur dieses „abgefragt" und konkretisiert werden. Erst am Ende der Konkretisierung kann gefragt werden, welches der Prinzipien in dieser Situation aus bestimmten Gründen vorrangig ist. In der Abwägung der Handlungsoptionen kann es durchaus eine Rolle spielen, ob eine Handlungsoption von einem vorrangigen oder einem nachrangigen Prinzip gefordert wird.

Schritt 4:
Handlungsmöglichkeiten

Bei der Frage, welche Handlungsmöglichkeiten es gibt, ist es sinnvoll, sich von den Prinzipien leiten zu lassen, die im Zusammenhang mit der Herausforderung und der Sorge um die betreffende Person stehen. Der*die Moderator*in rückt die Pinnwand mit den FC 4 (Problemformulierung) und FC 9 (Handlungsoptionen) in den Fokus. Oft ergeben sich relativ leicht Handlungsmöglichkeiten aus den konkretisierten Prinzipien. Es kann z. B. überlegt werden, was getan werden müsste, um den Willen einer Person umzusetzen oder um Schaden zu vermeiden (MK 16).

Grundsätzlich gilt, dass zunächst alle Handlungsoptionen aufgenommen werden, ohne bereits eine Bewertung abzugeben. Sollten Handlungsoptionen schon bewertet werden, kann der*die Moderator*in freundlich auf den nächsten Schritt verweisen.

Schritt 5:
Abwägung anhand von Vorzugskriterien und Entscheidung

In diesem letzten Schritt der EFB werden die zusammengetragenen Handlungsoptionen bewertet, u. a. mit Hilfe der Vorzugsregeln auf dem Handout. Diese Vorzugsregeln werden in diesem Zusammenhang vom*von der Moderator*in erklärt.

Das Kriterium „Realisierbarkeit“ scheidet alle Handlungsmöglichkeiten aus, die nicht realisierbar sind, z. B. weil die Ressourcen nicht aufgebracht werden können.

Das Kriterium „Erfolgsaussicht" scheidet alle Handlungsmöglichkeiten aus, die ziemlich sicher keinen Erfolg bringen werden, etwa, weil Ähnliches schon probiert wurde. Mit dem Kriterium ist sehr sorgsam umzugehen, da schon kleinste Veränderungen des medizinischen/pflegerischen/pädagogischen Settings die Erfolgsaussichten einer Handlungsmöglichkeit verändern können.

Das Kriterium „gute bzw. bessere Gründe" kann neben konkreten Sachargumenten auch die Relevanz der Prinzipien für die betroffene Person beachten: Wenn z. B. festgestellt wurde, dass die Person nicht oder kaum in ihrer Autonomiefähigkeit eingeschränkt ist, können Handlungsoptionen bevorzugt werden, die den Willen der betroffenen Person verwirklichen. Umgekehrt werden Fürsorgehandlungen und Schadensvermeidungsstrategien berechtigterweise in den Vordergrund treten, wenn der Person eine stark eingeschränkte Autonomiefähigkeit attestiert wird. Welchem Prinzip schlussendlich der Vorzug gegeben wird, wird von den Teilnehmenden der EFB ausdiskutiert.

Das Kriterium „Minimierung der negativen Folgen" fragt bei den übrig gebliebenen und bevorzugten Handlungsoptionen mögliche negative Folgen ab. Dann sind die Handlungsoptionen so zu modifizieren, dass diese Negativfolgen minimiert werden.

Am Schluss sind die übrig gebliebenen Handlungsoptionen in eine Reihenfolge nach Wichtigkeit bzw. Dringlichkeit zu ordnen.

Schritt 6:
Protokoll

Über die EFB wird in der Regel von dem*der Moderator*in ein Protokoll verfasst. Der Inhalt des Protokolls besteht überwiegend aus den während der EFB erstellten Flipcharts.

Wenn die Flipcharts gut lesbar sind, können Fotos gemacht und in die Protokollvorlage eingefügt werden. Die Flipchartvorlagen haben eine Farbmarkierung, die im Protokoll die Zuordnung zu den Überschriften mit gleicher Farbe erleichtert (s. Protokollvorlage).

Das Protokoll kann zur Kontrolle und Verbesserung mit einer bestimmten Frist an die EFB-Teilnehmenden versendet werden. Anschließend wird es in der Bewohner*innen- oder Klient*innenakte verwahrt.

EFB-Protokolle haben vor Gericht Indiziencharakter, d.h. sie haben nicht den gleichen Stellenwert wie ein Beweis, aber sie sind Hinweise darauf, dass die Mitarbeitenden eines Teams systematisch ihre pflegerisch-medizinische, rechtliche, pädagogische und moralische Verantwortung reflektiert haben.

Flipchartvorlagen

FC 1 Willkommen

Herzlich Willkommen zur

Ethischen Fallbesprechung (EFB)

von Frau*Herrn

_ _

Moderation: _
(Name der Moderator*innen)

FC 2 Ablauf

1. Einstieg
   Rahmen, Anlass, Beteiligte

2. Situationsbeschreibung
   a) unterschiedliche Perspektiven
   b) Problemformulierung

3. Konkretisierung der medizin-ethischen Prinzipien s. Handout

4. Handlungsmöglichkeiten

5. Abwägung und Entscheidung

FC 3 Situationsbeschreibung

Situation

P

» biografisch

____

____

» medizinisch

____

____

» pädagogisch / therapeutisch 2b

____

____

» rechtlich

____

____

etc.

FC 4 Problemformulierung

Problem P

Besondere Sorge bereitet in der Pflege und Betreuung von Frau*Herrn

---,

dass -----------------------------------

Als besonders herausfordernd wird an der Situation mit Frau*Herrn

----

empfunden, dass

--.

(unten Platz lassen, um die dazugehörigen Prinzipien im Laufe der EFB zu ergänzen, vgl. MK 15!)

3

9

Konkretisierung der medizin-ethischen Prinzipien bei Frau*Herrn P

Autonomieprinzip

» Autonomiefähigkeit

-- 4

⇨ Sie*er ist in ihrer*seiner Autonomiefähigkeit (nicht/leicht/stark) beeinträchtigt, weil ----------------------

» Bedarfe, Wünsche, Zielvorstellungen

FC 6 Nichtschadensprinzip

Nichtschadensprinzip

P

» Körperliche Schmerzen sind

» Seelisch-emotionale Schmerzen,
Ängste etc. sind 5

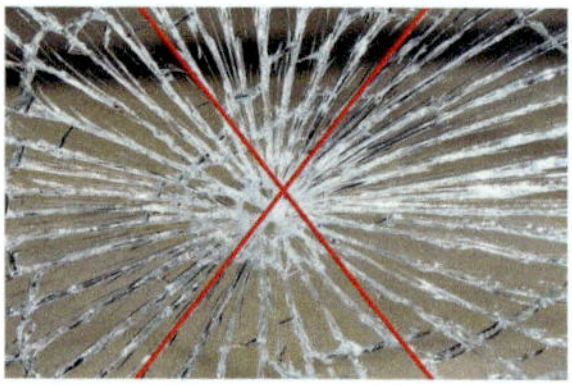

FC 7 Fürsorgeprinzip

Fürsorgeprinzip

P

» Ihr*ihm tut aktuell gut

» Aus fachlicher Sicht benötigt sie*er

6

Gerechtigkeitsprinzip P

Fehlende Ressourcen

Ungerechte Verteilung der Ressourcen 7

Gründe

Belastungsfähigkeit der MA 8

FC 9 Handlungsoptionen

Hinweis: Wenn Sie bei der Abwägung sind und die Vorzugsregeln zur Anwendung kommen, können Sie einfach Vorschläge durchstreichen und den übrigen Handlungsoptionen eine Dringlichkeitsnummer geben, z. B. „1" für höchste Priorität usw. Im Protokoll werden nur die relevanten Handlungsoptionen genannt.

Symbolbilder

Zur Einführung: Grummelmännchen

© Zeichnung: Jessica Lang 2020

Zu FC 5.1 – Autonomieprinzip

© Simon Matzinger auf Pixabay

Zu FC 6.1 – Nichtschadensprinzip

© kalhh auf Pixabay

Zu FC 7.1 – Fürsorgeprinzip

© Sabine Löwer auf Pixabay

Zu FC 8.1 – Gerechtigkeitsprinzip

© Bruno – Germany auf Pixabay

Vorlagen für Moderationskarten

MK 1 Begrüßung

Herzlich Willkommen zur Ethischen Fallbesprechung

Schön, dass Sie sich alle Zeit genommen haben,

um für die Situation von Frau*Herrn

----

einen guten Weg zu suchen!

MK 2 Rahmeninfos

Die Methode der EFB ist ein praktisches Instrument der Ethik, um schwierige Fälle zu bearbeiten. Sie hilft, die von Ihnen **mitgebrachten Erfahrungen und Erkenntnisse sichtbar zu machen**, zu strukturieren und **Handlungsmöglichkeiten** zu finden. Ihre unterschiedlichen Einblicke und Ihr Fachwissen bereichern uns und ermöglichen uns, zusammen eine möglichst gute Lösung für Frau*Herrn .... zu finden.

Zum Ablauf: In einem ersten Schritt nach der Begrüßung werden wir möglichst viele **Informationen** zu der Situation um Frau*Herrn .... sammeln, um das Problem besser zu verstehen.

Im zweiten Schritt werden wir diese Information detailliert **besprechen und strukturieren.** Dazu stelle ich Ihnen vier **medizin-ethische Prinzipien** vor, die uns helfen, breit zu denken und Wertekonflikte zu finden.

Im dritten Schritt suchen wir nach **Handlungsmöglichkeiten,** die am besten Frau*Herrn .... entsprechen.

Wir nehmen uns etwa 1,5 bis 2 Stunden Zeit.

MK 3 Vorstellungsrunde

Zu Beginn bitte ich Sie, sich kurz mit Ihrem **Namen, Ihrer Aufgabe und Ihrer Verbindung** zu Frau*Herrn

.... vorzustellen.

Ich beginne bei mir. Mein Name ist ....

Hauptberuflich bin ich ....

Als Ethikmoderator*in werde ich Sie heute durch die EFB führen.

Frau*Herrn ....

kenne ich nicht/kenne ich von ....

Hinweis: Ein kurzes „Danke" signalisiert den Teilnehmenden, dass die*der Nächste an der Reihe ist.

MK 4 Situationsbeschreibung allgemein/Fallgeber*in

Wir versuchen, in einem ersten Schritt einen möglichst genauen **Blick auf die gegenwärtige Situation** von Frau*Herrn .... zu bekommen.

Beginn z. B. mit **Fallgeber*in:**

Ich bitte Sie, Herr*Frau .... , als Fallgeber*in uns die Situation von Frau*Herrn

.... allgemein zu beschreiben.

Abschließend: Vielen Dank.

Hinweis: Grundsätzlich kann die Situation zuerst auch von jemand anderem geschildert werden. Der*die Moderator*innen sollten sich bei der Vorbereitung gut überlegen, wer das erste Wort erhält. Bei stark polarisierenden Haltungen könnte **zuerst mit einer eher neutralen Sicht** begonnen werden. Es sollten alle Teilnehmenden in der ersten Runde zu Wort kommen.

MK 5 Situationsbeschreibung medizinisch

Nachdem wir nun allgemein die Situation aus der Perspektive des*der Fallgebers*in gehört haben, soll das Bild durch weitere Einschätzungen ergänzt werden.

Wir beginnen mit den **medizinischen Aspekten.**
Frau*Herr Dr. ....
können Sie uns bitte die Diagnosen möglichst für alle verständlich beschreiben?

Was ist Ihre Prognose? Was wird kurz-, mittel- und langfristig geschehen?

Bedarf es Ihrer Meinung nach weiterer diagnostischer Abklärungen?

Sollten Spezialist*innen aus anderen medizinischen Bereichen hinzugezogen werden?

Abschließend: Vielen Dank.

Hinweis: Die Fragen können gebündelt an die*den Ärztin*Arzt gestellt werden.

MK 6 Situationsbeschreibung pädagogisch/pflegerisch

Nach dieser medizinischen Einschätzung bitte ich Sie,
Frau*Herr ……………………………………………………………………,
als **Pflegekraft/Bezugsbetreuung** etwas über Ihre Alltagserfahrungen mit Frau*Herrn ……………………………………………
zu berichten.

- Wie sieht die Tagesstruktur aus? Gibt es da Probleme?
- Wie reagiert Frau*Herr …………………………………………………… auf pflegerische oder pädagogische Angebote?
- Was sind Eigenheiten von Frau*Herr …………………………………………………………………………?
- Wie ist die Beziehung zu den Mitbewohner*innen/zu den Angehörigen/Freund*innen?

Abschließend: Vielen Dank.

Hinweis: Es sind situationsspezifische Fragen zu ergänzen.

MK 7 Situationsbeschreibung Angehörige/rechtliche Betreuung

Nach dieser Einschätzung bitte ich Sie, Frau*Herr

....,

als **Mutter/Vater/Schwester/Bruder/gesetzliche*r Betreuer*in**, etwas aus Ihrer Perspektive zu erzählen.

- Wie ist Ihr Kontakt zu Frau*Herrn ....?
- Was würden Sie sagen, wenn man Sie fragen würde, was Frau/Herr .... für ein Mensch ist?
- Was sagt Frau*Herr ...., wenn Sie mit ihr*ihm (über die aktuelle Situation) sprechen?
- Gibt es eine **Patientenverfügung**; wenn ja, was ist darin verfügt?
- Für welche Aufgabenkreise haben Sie die **rechtliche Betreuung** übernommen? Gab es dabei bis jetzt Probleme?

Abschließend: Vielen Dank.

Hinweis: Es sind situationsspezifische Fragen zu ergänzen.

MK 8 Situationsbeschreibung der weiteren Teilnehmenden

Nun haben wir schon ein gutes Bild von der Situation.

Möchten Sie, Frau*Herr ....,
als Leitung/Seelsorger*in/
(weitere Funktion möglicher TN)
noch etwas aus Ihrer Perspektive beitragen?

Abschließend: Vielen Dank.

MK 9 Problemformulierung

Ich möchte die Situationsbeschreibung zu Ende führen und **mit Ihnen gemeinsam** möglichst präzise die Schwierigkeit bzw. Sorge formulieren, die Sie in der aktuellen Situation mit Frau*Herrn .... beschäftigt.

Können Sie **folgenden Sätzen zustimmen** (Flipchart FC 6):

Besondere Sorge bereitet in der Pflege und Betreuung von Frau*Herrn ....,
dass ....
Als besonders herausfordernd wird an der Situation mit Frau*Herrn ....
empfunden, dass ....

Wenn Sie **nicht** zustimmen können, sagen Sie bitte, was Sie an der Formulierung **verändern** möchten.

MK 10 Überleitung zu den Prinzipien

Wir kommen zum Kern der Ethischen Fallbesprechung, den **vier medizin-ethischen Prinzipen.** Sie helfen, den eigenen Blick auf die Situation zu reflektieren; die Prinzipien sind wie vier verschiedene **„Wertebrillen“**. Es geht um die Prinzipien „Autonomie“, „nicht schaden“, „Fürsorge“ und „Gerechtigkeit“.

Diese Prinzipien sind verkürzte, allgemeine Handlungsanweisungen bzw. -aufforderungen. Im Folgenden werden wir diese anhand der Situation von

Frau*Herrn ....

konkretisieren.

MK 11 Autonomieprinzip

Das Autonomieprinzip fordert uns auf, Respekt vor der Selbstbestimmung von Frau*Herrn .... zu haben.
Wie schätzen Sie die Autonomiefähigkeit von Frau*Herrn .... ein?

Denken Sie dabei an Folgendes: Wie sind die **kognitiven Fähigkeiten** von ihr*ihm einzuschätzen? Versteht sie*er Erklärungen z. B. hinsichtlich des medizinischen Zustands? Weiß sie*er um die erwartbaren Folgen eigenen Handlungen? Kann sie*er den eigenen Willen äußern?
Ist Frau*Herr .... stark impulsgesteuert und/oder zwangsgestört?

Die Autonomiefähigkeit abschließend als Satz festhalten (FC 5).
Respekt zu haben vor der Autonomie setzt voraus, Wünsche zu kennen.

Was wünscht Frau*Herr ....?
Welche kurz-, mittel- und langfristigen Ziele möchte sie*er erreichen? Gibt es etwas, von dem sie*er immer wieder spricht? Gibt es die Möglichkeit, dass Wünsche missverstanden werden? Wenn ja, kommt das oft vor? Wie können Missverständnisse vermieden werden?
Wiederkehrende Handlungen, die Biografie oder Patient*innenverfügung können auf den **mutmaßlichen Willen** von Frau*Herrn .... hinweisen. Sie als Pflegende und Angehörige können einfühlend darüber mutmaßen, was Frau*Herr .... möchte. Was müssen wir beachten?

MK 12 Nichtschadensprinzip

Das Nichtschadensprinzip fordert dazu auf, Schaden von Frau*Herrn .... fernzuhalten.

Um Schaden zu vermeiden, müssen zuallererst mögliche Schäden, Leiden und Ängste wahrgenommen werden.

Ich frage Sie deshalb: **Was schadet Frau*Herrn .... ?**
Worunter leidet sie*er? Hat sie*er Schmerzen? Wovor hat sie*er Angst? Denken Sie dabei an **körperliches und seelisch-emotionales Leiden.**

Können Sie spontan benennen, was davon das Schlimmste für Frau*Herrn .... ist? Woran machen Sie das fest? Bleiben Sie so konkret wie möglich.

MK 13 Fürsorge- bzw. Wohltuensprinzip

Das Fürsorgeprinzip fordert dazu auf, zu überlegen, was Frau*Herrn .... **guttut.**

Im Unterschied zum Autonomieprinzip geht es dabei nicht nur um das, was Frau*Herr .... wünscht oder was sie*er sagt, dass es ihr*ihm guttut.

Es geht vor allem darum, was Frau*Herr .... **aus fachlicher (ärztlicher, pädagogischer) Perspektive benötigt.**
Was braucht Frau/Herr .... gerade?

Können Sie Beispiele aus dem Alltag nennen, wo sich zeigt, dass etwas Frau*Herrn .... guttut.

MK 14 Gerechtigkeitsprinzip

Zur Konkretisierung des Gerechtigkeitsprinzips frage ich Sie, ob wichtige **Ressourcen** für die medizinische Behandlung oder Betreuung von Frau*Herrn .... **fehlen.**

Es geht außerdem darum, ob es zu **Ungleichbehandlungen von anderen Bewohner*innen/Klient*innen** kommt. Wird z. B. in der aktuellen Situation jemand aufgrund der Sorge um Frau*Herrn .... ohne Grund benachteiligt?

Überlegen Sie bitte auch, ob mögliche Ungleichbehandlungen in der aktuellen Situation **aus guten Gründen berechtigt** sind.

Schließlich frage ich Sie, ob **Belastungsgrenzen** von Mitarbeitenden, Angehörigen oder anderen beteiligten Personen erreicht sind. Bei wem ist das der Fall und woran machen Sie das fest?

MK 15 Zusammenhang Problem und Prinzipien

Vielen Dank für die Konkretisierung der Prinzipien.

Bitte überlegen Sie nun, **welche der Prinzipien mit dem formulierten Problem zusammenhängen** (FC 4). Anders gefragt: Geht es bei dem formulierten Problem (auch) um den Willen, Schmerz und Leid, Fürsorge und Wohlergehen von Frau*Herrn .... um Ressourcen und ihre Verteilung? (hierbei bei jedem Prinzip auf das jeweilige Symbolbild deuten)

[Moderator*in bittet um eine Erläuterung der Zusammenhänge zwischen Problemstellung und Prinzipien, wenn diese nicht offensichtlich sind.]

Welche der Prinzipien **konkurrieren** in Frau*Herrn .... Situation **besonders** miteinander?

MK 16 Handlungsmöglichkeiten

Im Folgenden **sammeln wir Ideen und Vorschläge**, wie der Situation von Frau*Herrn .... zu begegnen ist.

Ich bitte Sie, zunächst **alle** Ihnen einfallenden **Handlungsmöglichkeiten** zu nennen. Eine Bewertung erfolgt. [Moderator*in wiederholt bereits genannte Handlungsmöglichkeiten.]

Wenn Sie unsere Mitschriebe anschauen, welche Handlungsmöglichkeiten ergeben sich daraus? Seien Sie kreativ: Was kann getan werden, um die **Autonomiefähigkeit** von Frau*Herrn .... zu **fördern**?

Was kann getan werden, um den **Willen** von Frau*Herrn .... zu **erfüllen**?

Was kann getan werden, um den genannten **Schaden** bei Frau*Herrn .... zu **vermeiden**?

Wie kann besonders **fürsorglich** mit Frau*Herrn .... **umgegangen werden**?

Wie können fehlende **Ressourcen** beschafft oder anders verteilt werden?

Was kann **gegen eine Überbelastung** von Mitarbeitenden u. a. getan werden?

MK 17 Abwägung

Zum Schluss **bewerten** wir die Vorschläge (vgl. Ihr Handout). Lassen Sie uns diese schrittweise durchgehen. **(Moderator*in macht Notizen auf FC 9!)**

Zunächst befragen wir alle Vorschläge auf ihre **Realisierbarkeit:**
Welche Handlungsmöglichkeiten halten Sie für unrealistisch und nicht durchführbar? Bitte begründen dies.

Zur **Erfolgsaussicht:**
Welche der Handlungsmöglichkeiten hat Ihrer Meinung nach die beste Erfolgsaussicht, um das Problem von Frau*Herrn .... zu reduzieren?

Welche Vorschläge sind wenig erfolgsversprechend? Bitte begründen Sie.

Nun sind noch wenige Handlungsmöglichkeiten übrig. Man beschließt bei Ethischen Fallbesprechungen ein Bündel an Maßnahmen.

Wir werden noch die Wichtigkeit der Maßnahmen bestimmen und mögliche negative Folgen verringern.

Welche Handlungsmöglichkeiten sollten unbedingt und zeitnah umgesetzt werden? Welche ist die wichtigste? Warum?

[Sollte es darüber keinen Konsens unter den Teilnehmenden geben, sind die Gründe zu diskutieren.]

Was sind negative Folgen der wichtigsten Handlungsoption(en) und wie könnten diese Folgen verringert oder vermieden werden?

MK 18 Zuständigkeiten

Lassen Sie uns noch überlegen, wer für welche Maßnahmen zuständig ist.
(Moderator*in macht Notizen auf FC 9!)

[Hier kann die*der Moderator*in EFB-Teilnehmende direkt fragen, ob sie sich um die Umsetzung bestimmter Maßnahmen kümmern würden.]

Nur anwenden, wenn noch keine verantwortlichen Personen benannt sind, um die Maßnahmen umzusetzen.

MK 19 Entscheidung und Schluss

Wenn Sie alle damit einverstanden sind, halten wir folgende Maßnahmen als Ergebnis der Ethischen Fallbesprechung fest:

[Moderator*in wiederholt die Maßnahmen (FC 9) inkl. zuständiger Person.]

Sie erhalten zu dieser Fallbesprechung ein Protokoll, das auch in die Patient*innen- bzw. Bewohner*innenakte kommt.

Vielen Dank für die gemeinsame Diskussion.

Ergänzungsseite Veröffentlichung EFB

Mit zentralen Moderationsfragen durch die Fallbesprechung – Übersichtsblatt

1. Schritt: Vorstellung
Wer bin ich?
Wie stehe ich zu Frau*Herrn ....?

Situationsbeschreibung
Wie ist die Situation von Frau*Herrn ....?
Was ist das Problem?

2. Schritt: Ethikprinzipien
Wie autonomiefähig ist Frau*Herr ....?
Was will Frau*Herr ....?

Was schadet Frau*Herrn .... wie?
Wie kann der Schaden vermieden werden?

Was braucht Frau*Herrn .... aus professioneller Perspektive?
Was tut ihr*ihm aus therapeutisch-pflegerischer Perspektive gut?

Welche Ressourcen fehlen, um eine gute Pflege/Versorgung zu gewährleisten?
Wer erreicht wann und wodurch seine Belastungsgrenzen?

3. Schritt: Handlungsoptionen
Welche Handlungsoptionen sehen Sie als EFB-Teilnehmende?

4. Schritt: Abwägung
Welche Handlungsoptionen sind realisierbar/ erfolgsversprechend?
Welche Handlungsoptionen können wie an Frau*Herrn .... angepasst werden?

5. Schritt: Abschluss
Wer macht was?
Wer wird informiert?
Protokollhinweis

Vorlage Handout

EFB Frau*Herr ....

Datum, Ort

Ablauf

1) Einstieg mit Vorstellungsrunde
2) Situationsbeschreibung und Problem
3) Konkretisierung der vier medizin-ethischen Prinzipien
4) Handlungsoptionen (aufgrund der Prinzipien)
5) Abwägung und Entscheidung

Medizin-ethische Prinzipien nach Beauchamp und Childress

a) Prinzip des Respekts vor der Autonomie

Wie autonomiefähig ist Frau*Herr ....?

Wie sind ihre*seine kognitiven Fähigkeiten, um Folgen von Handlungen zu verstehen?
Äußert sie*er kontinuierliche Wünsche oder zumindest alltägliche Bedarfe? Gibt es „klare" Momente (z. B. ohne Zwangsimpulse etc.)?
Was will Frau*Herr ....
(kurz-, mittel- und langfristig)?

b) Prinzip des Nichtschadens

Was schadet Frau*Herrn ....

(physisch und psychisch)?
Leidet sie*er unter Ängsten, Schmerzen etc.?
Wie sieht der „Schaden" aus bzw. wie äußert sich das Leiden?

c) Prinzip der Fürsorge

Was sollte aus fachlicher Sicht getan werden, um das Wohl (physische und psychische) von Frau*Herrn .... zu fördern? Was braucht sie*er aus therapeutischer Sicht? Was tut ihr*ihm gut?

d) Prinzip der Gerechtigkeit

Fehlen medizinisch-therapeutische Ressourcen? Welche? Werden Belastungsgrenzen von Mitarbeitenden erreicht? Wie äußert sich das? Kommen andere Bewohner*innen/Klient*innen grundlos zu kurz (ungerechtfertigte Ungleichbehandlung/Ungleichverteilung)? Kommt es zu Diskriminierungen im Umgang mit Klient*innen/Bewohner*innen?

Vorzugskriterien für Handlungsoptionen

(1) Realisierbarkeit
(2) Erfolgsaussicht
(3) Gute/bessere Gründe
(4) Verringerung negativer Folgen

Vorlage Protokoll

Protokoll

Ethische Fallbesprechung zu
Frau*Herrn ....

Hilfe-/Betreuungsbereich: ....,
Datum der EFB: _ _. _ _. _ _ _ _

Teilnehmende: (einfügen aus Vorbereitungsbogen P 1)

....

....

Situationsbeschreibung: (inhaltlich aus P 2a und 2 b)
(Empfehlung: Es sollte eine kurze Beschreibung sein. Je nach Kontext 10–15 Sätze.

Problemformulierung: (einfügen aus FC 4, P 3)

....

Ethische Prinzipien: (einfügen aus FC 5 ff., P 4–8)
(Empfehlung: Wenn Prinzipien keine Rolle spielen in der EFB, kann dies in einem Satz kurz erwähnt werden.)

Wertekonflikt/Dilemma: (einfügen aus FC 4 P 9)

....

Handlungsoptionen mit Begründung und Zuständigkeit:
(inhaltlich FC 9, P 10)
(Empfehlung: Es sollten nur die relevanten Handlungsoptionen beschrieben, kurz z. B. mithilfe der Vorzugskriterien begründet und ihre Zuständigkeit geklärt werden.)

Für das Protokoll: (Name des*der Protokollanten*in)

....

Datum: _ _. _ _. _ _ _ _

Checkliste

Wann	Was	Wo
Immer im Alltag	Ethikdetektor	S. 12
Im Vorfeld der EFB	Vorlage Vorbereitungsbogen	S. 15
	Vorlage Einladungsmail	S. 17
EFB, Schritt 1	Vorlage Handout (für Teilnehmende)	S. 57
	Willkommen-Flipchart	FC 1, S. 23
	Begrüßung-Moderationskarte	MK 1, S. 37
	Ablauf-Flipchart	FC 2, S. 24
	Rahmeninfos-Moderationskarte	MK 2, S. 38
	Vorstellungsrunde-Moderationskarte	MK 3, S. 38
EFB, Schritt 2	Situationsbeschreibung-Flipchart	FC 3, S. 25
	Situationsbeschreibungen-Moderationskarten	MK 4–8, S. 40 ff.
	Problemformulierung-Flipchart	FC 4, S. 26
	Problemformulierung-Moderationskarte	MK 9, S. 45
EFB, Schritt 3	Überleitung zu den Prinzipien-Moderationskarte	MK 10, S. 46
	Autonomieprinzip-Flipchart	FC 5, S. 27
	Symbolbild Autonomieprinzip	zu FC 5.1, S. 33
	Autonomieprinzip-Moderationskarte	MK 11, S. 47
	Nichtschadensprinzip-Flipchart	FC 6, S. 28
	Symbolbild Nichtschadensprinzip	zu FC 6.1, S. 34
	Nichtschadensprinzip-Moderationskarte	MK 12, S. 48
	Fürsorgeprinzip-Flipchart	FC 7, S. 29
	Symbolbild Fürsorgeprinzip	zu FC 7.1, S. 35
	Fürsorgeprinzip-Moderationskarte	MK 13, S. 49
	Gerechtigkeitsprinzip-Flipchart	FC 8, S. 30
	Symbolbild Gerechtigkeitsprinzip	zu FC 8.1, S. 36
	Gerechtigkeitsprinzip-Moderationskarte	MK 14, S. 50
	Zusammenhang Problem und Prinzipien-Moderationskarte	MK 15, S. 51

Wann	Was	Wo
EFB, Schritt 4	Handlungsoptionen-Flipchart	FC 9, S. 31
	Handlungsoptionen-Moderationskarte	MK 16, S. 52
	Abwägung der Handlungsoptionen-Moderationskarte	MK 17, S. 53
	Zuständigkeiten-Moderationskarte	MK 18. S. 54
	Entscheidung und Schluss-Moderationskarte	MK 19. S. 55
Im Nachgang der EFB	Vorlage Protokoll	S. 59

Die Vorlage Handout, die Vorlage Protokoll
und die Checkliste finden Sie zum Download unter
www.lambertus.de/ethische_fallbesprechungen

Fallbeispiel

von Bernhard Preusche

Eine typische Geschichte

Die Geschichte von Herrn H. erscheint mir typisch: Der fast 50-Jährige wohnt seit fünf Jahren in einer ambulant betreuten Wohnung. Mindestens dreimal in der Woche kommen Sozialarbeiter und eine Krankenschwester. Seine gesundheitliche Verfassung ist schlecht, er hat Übergewicht, Diabetes, Bluthochdruck und verschiedene Hautkrankheiten, die möglicherweise auch mit seiner mangelnden Körperhygiene zusammenhängen. Behandeln lässt Herr H. sich nicht. Es sei sein Leben, meint er, er ließe sich nicht hineinreden. Von seinen medizinischen Prognosen – erhöhtes Schlaganfall- und Herzinfarktrisiko – bleibt er unbeeindruckt: „Wir müssen alle irgendwann sterben“, sagt er. Gleichzeitig klagt er darüber, dass sich niemand um ihn kümmere.

In der Wohnung darf er offiziell eine Katze halten, füttert allerdings regelmäßig drei weitere Nachbarskatzen, die sich in seiner Wohnung offensichtlich sehr wohl fühlen. Herr H. kann sich nur schwer von Dingen trennen und manche würden ihn als Messi bezeichnen. Wohnung und Keller quellen über: Kleidung, schimmelnde Nahrungsvorräte, allerlei Fundstücke. Schmutziges Geschirr stapelt sich in der Küche, Müll und Katzenstreu versperren den Weg auf den Balkon.

Zwischen Verantwortung und Überlastung

Für die Mitarbeitenden des ambulanten Dienstes ist Herr H. in seiner Wohnung nicht mehr auszuhalten. „Das ist doch nicht mehr menschenwürdig. Wir müssen da Verantwortung übernehmen! Außerdem sind die Belastungsgrenzen meiner Mitarbeitenden erreicht: Immer wieder ist Herr H. Thema im Team und wir kommen nicht weiter“, meint die Leitung am

Telefon zu mir, um eine Ethische Fallbesprechung anzufragen.

Ich nicke und versuche mein Verständnis für die Situation auszudrücken. Es ist mir nicht neu, wenn Mitarbeitende vom schwierigen Umgang mit ihrer Klientel berichten. Im Gespräch mit der Leitung kläre ich, inwiefern die Sorge um Herrn H. in eine Ethische Fallbesprechung gehört. Die Fragen des Ethikdetektors (vgl. S. 12) helfen mir dabei: Sind beispielsweise Autonomie, körperliche und emotionale Gesundheit, Fürsorgeauftrag oder Gerechtigkeitsvorstellungen im aktuellen Setting „bedroht“? Wie akut und (moralisch) belastend ist die Situation für die Beteiligten? Nach den Berichten, die ich schon im Erstgespräch höre, fällt eine Entscheidung für oder gegen eine Ethische Fallbesprechung nicht schwer. Nur selten lässt sich „das Problem“ nur als Personalentscheidung oder nur als medizinische Fragestellung verstehen. Gerade die Komplexität der Lebenssituationen rechtfertigt eine interdisziplinäre Ethische Fallbesprechung.

Wenn die Entscheidung dafür getroffen wird, sind Formalitäten zu klären: Meist kann ich den Kreis der Beteiligten mit der Leitung am Telefon eingrenzen. Medizinisch-pflegerische, pädagogisch-biografische u. ä. Dokumente der betreffenden Person bekomme ich zugeschickt. Vorabsprachen mit Bezugspflege oder -betreuung sind hilfreich (vgl. S. 14). Ort und Zeit müssen mit allen abgestimmt werden.

Prinzipien im Rundumblick

Am Tag der EFB stehen Getränke und Gebäck im Besprechungsraum der Ambulanten Dienste bereit. „Ich mag Süßes“, denke ich. Nach einer kurzen Vorstellungsrunde (1. Schritt, vgl. S. 18) und der Erklärung, wie es zu der Fallbesprechung kam (vgl. Druckvorlage Grummelmännchen, S. 32), wird die „Sorge“ um Herrn H. von allen beleuchtet: Hausärztin und Psychologin, Bezugsbegleiter, gesetzlicher Betreuer, Leitung und pädagogischer Fachdienst bringen ihre Erfahrungen mit Herrn H. ein. Immer wieder höre ich, Herr H. habe einen starken Willen und lasse sich nichts sagen. Gleichzeitig könne er sich im Gespräch nicht fokussieren und springt von einem Thema zum anderen. Vergleichbar sei es mit seinen Wünschen und Einstellungen: Heute so morgen anders usw.

In der Fallbesprechung darf es (und sollte es manchmal auch) emotional werden: „Ich geh nicht mehr in die Wohnung von ihm. Es ekelt mich!“, sagt der Bezugsbegleiter mit erhobener Stimme. Das musste raus und viele der Anwesenden nicken zustimmend und erleichtert. Ich achte darauf, dass alle zu Wort kommen und dass ich das Hauptproblem auf den Tisch bekomme: „Worin besteht aus Ihrer (pädagogischen, medizinischen, rechtlichen etc.) Sicht die Schwierigkeit an der verwahrlosten Wohnung von Herrn H. und seiner derzeitigen Situation?“, frage ich herausfordernd die anwesenden Professionen. Dabei kommt heraus, dass z. B. die damit einhergehende mangelnde Hygiene ein zusätzliches Gesundheitsrisiko für den bereits „angeschlagenen“ Herrn H. darstellt. Die Katzen seien, so ein weiteres Argument, nur Schmusetiere für Herrn H. und verhindern notwendige körperliche Bewegung. Und es könne von den Mitarbeitenden nicht verlangt werden, dass sie über ihre Ekelgrenze hinaus Dienst tun, so die Leitung.

Ich halte die verschiedenen Einschätzungen auf einem Flipchart fest und versuche zu bündeln (vgl. FC 3, S. 25): Tatsächlich können alle Anwesenden zustimmen, als ich den Grundkonflikt an der verwahrlosten Wohnung des Herrn H. einerseits und seinem scheinbar „sturen“ Willen andererseits festmache.

„In einem dritten Schritt kommen wir zu den ethischen Prinzipien“, leite ich den Hauptteil der EFB ein (vgl. S. 18): „Das Autonomieprinzip fragt danach, wie selbstbestimmt oder autonomiefähig Herr H. ist. Können Sie uns dazu aus fachlicher Sicht etwas sagen?“, frage ich die Psychologin und lege zur visuellen Unterstützung das Bild des fliegenden Vogels als Symbol der Freiheit auf den Tisch (vgl. S. 33). „Herr H. hat eine leichte geistige Behinderung. Seine Wünsche äußert er lautstark und situativ, ohne dass er dabei mittelfristige oder langfristige Folgen berücksichtigen kann. Meistens geht es dabei um unmittelbare Bedürfnisbefriedigung, zum Beispiel will er, dass man ihm Süßigkeiten vom Supermarkt mitbringt und solche Dinge." „Seine Wünsche sind oft von Verlustängsten bestimmt", legt der pädagogische Fachdienst dazu. Es kommen noch ähnliche Äußerungen und schließlich stimmen alle dem Satz zu: „Herr H. hat trotz seines starken Autonomiestrebens eine eingeschränkte Autonomiefähigkeit."

Zum Autonomieprinzip gehört auch die Frage nach den konkreten Wünschen von Herrn H. „Was wünscht er sich noch im Alltag? Wie stellt er sich seine Zukunft vor?", frage ich. „Äußert er manchmal eine Sehnsucht nach mehr Ordnung?" „Das Wichtigste für Herrn H. ist, dass er wahrgenommen wird. Er braucht sehr viel Anerkennung", antwortet der Bezugsbegleiter. Der gesetzliche Betreuer meint: „Wenn ich mit ihm verhandle, muss ich ihm das Gefühl geben, dass er gewinnt. Er braucht das Gefühl von Macht. Außerdem will er finanzielle Sicherheit." „Er will selbstbestimmt leben", sagt die Psychologin. „Er sagt, wie schön die Wohnung seiner Exfreundin sei", berichtet der Bezugsbegleiter. Das Gremium sammelt noch weitere „Autonomie-Objekte", die ich am Flipchart mitschreibe.

Das zweite Prinzip ist das Nichtschadensprinzip, das durch das Bild einer zerbrochenen Scheibe symbolisiert wird (vgl. S. 34): „Was schadet Herrn H.?", frage ich in die verblüffte Runde und konkretisiere: „Wo leidet er körperlich oder psychisch? Hat er Schmerzen?" „Der Hautpilz ist ihm unangenehm und bereitet ihm Schmerzen", sagt die Hausärztin. „Er leidet emotional, wenn die Katzen nicht da sind oder wenn er tote Tiere auf der Straße findet", so der Fachdienst. Am schlimmsten seien die Verlustängste, darüber sind sich alle einig, obwohl nicht geklärt werden kann, woher sie kommen.

„Wenn Sie sich etwas wünschen dürften für Herrn H.: Was benötigt er aus medizinischer, pflegerischer und pädagogischer Sicht?“, so leite ich zum Fürsorgeprinzip über und lege das Bild der die Jungen fütternden Amsel auf den Tisch (vgl. S. 35). „Er braucht mehr Bewegung!“, kommt es sofort von der Hausärztin. „Eine Psychotherapie seiner Verlustängste“, so die Psychologin. „Respektvolle Konfrontation mit seinen eigenen Grenzen“, meint der Fachdienst. „Alle um ihn herum sollten noch empathischer auf ihn eingehen und ihm das Gefühl der Selbstbestimmung vermitteln. Wenn er mal schimpft, müssen wir das eben aushalten. Ich hab‘ dazu keine Kraft mehr“, sagt der Bezugsbegleiter.

Ich mache deutlich, dass der ursprüngliche Grundkonflikt ethisch das Dilemma zwischen Autonomie und Fürsorge widerspiegelt und die Konkretisierung der beiden Prinzipien bereits eine Stoßrichtung für Handlungsalternativen vorgibt. Aus inhaltlichen und aus Zeitgründen lasse ich explizit das Gerechtigkeitsprinzip unberücksichtigt. Wir haben noch 20 Minuten, dann sollte eine zweistündige Ethische Fallbesprechung Ergebnisse, also Handlungsoptionen, liefern.

Wege aus dem Dilemma

„Wenn Sie die Flipcharts zum Autonomie-, Nichtschadens- und Fürsorgeprinzip bei Herrn H. anschauen“, beginne ich den vierten Schritt, „welches Prinzip ist besonders wichtig? Was sollte unbedingt in Handlungsoptionen berücksichtigt werden und warum?“ Es meldet sich die Leitung: „Herr H. wird sich nicht einfach ändern. Das Fürsorgeprinzip, also Empathie, Aushalten, respektvolle Konfrontation und die Tatsache, dass mein Mitarbeiter keine Kraft mehr für Herrn H. hat, bringt mich zu der Überlegung, die Bezugsbegleitung zu wechseln.“ Der aktuelle Bezugsbegleiter wirkt erleichtert.

„Wie könnte das genau passieren?", frage ich. „Ich werde mit meinen Mitarbeitenden sprechen, wer bereit ist, die Begleitung von Herrn H. zu übernehmen. Individuelle Ekelgrenzen werde ich dabei sicher berücksichtigen."

„Sehen Sie noch andere Handlungsoptionen?", frage ich in die Runde. „Herr H. mag Tiere und braucht Bewegung. Vielleicht gibt es eine Möglichkeit, das nahe Tierheim einzubeziehen, indem Herr H. zum Beispiel mit Hunden Gassi geht. So hätte er mehr Bewegung." Die Idee finden alle gut und die Bezugsbegleitung wird Kontakt zum Tierheim aufnehmen. Die Hausärztin schlägt vor, Herrn H. eine Reha schmackhaft zu machen: „Urlaub mit Freizeit- und Sportangeboten." „Um einmal wieder Ordnung in die Wohnung zu bringen, könnte auch eine Grundrenovierung notwendig werden", meint schließlich die Leitung mit einem verschmitzten Lächeln. „Ich könnte mich mit einer externen Gutachterin bei Herrn H. anmelden."

Nachdem alle Handlungsoptionen möglichst konkret auf Flipcharts zu sehen sind, fordere ich die Anwesenden zu einem fünften Schritt auf, nämlich die Realisierbarkeit, den Erfolg und die (möglichen negativen) Folgen der Optionen zu prüfen (vgl. S. 20). Schnell stellt sich heraus, dass der Wechsel in der Bezugsbegleitung, die Herrn H. mehrmals wöchentlich besucht, als sehr gut realisierbar eingeschätzt wird. Der Wechsel sollte von Einzel- und Teamsupervision flankiert sein. Auch das Gassigehen mit Hunden aus dem Tierheim könnte Erfolg versprechen, wenn es zumindest am Anfang gut begleitet wird. Eher wenig realistisch erscheint die Reha, da Herr H. nicht für längere Zeit von seinen Tieren getrennt sein möchte und gegenüber unbekannten Orten misstrauisch ist.

Gelungene Hilfe zur Selbsthilfe

In der Abschlussrunde ist allen die Erleichterung darüber anzumerken, dass sich konkrete Handlungsoptionen entwickelt haben: „Es war gut, die Situation um und mit Herrn H. von allen Seiten anzuschauen", bedankt sich der gesetzliche Betreuer. „Vielen Dank für Ihre rege Beteiligung. Sie bekommen ein Protokoll dieser EFB, das Sie ergänzen dürfen", beende ich die Ethische Fallbesprechung. Ich fahre in mein Büro mit dem guten Gefühl, einem Team zur Selbsthilfe verholfen zu haben. Gleichzeitig wird mir wieder einmal bewusst, dass die Ethischen Fallbesprechungen kein Wunder vollbringen können. Sie sind ein Instrument zur systematischen Konfliktbearbeitung. Die Beteiligung aller relevanten Professionen ist Voraussetzung für gangbare Lösungswege und moralisch entlastende Entscheidungen.

Leitfaden zur Implementierung Ethischer Fallbesprechungen in Sozialunternehmen

von Bernhard Preusche

Immer wieder erreicht mich die Frage, wie viele Ethische Fallbesprechungen ich im Durchschnitt durchführe. Meine Antwort lautet: Zu wenige gemessen an der Anzahl der vermuteten Konfliktfälle in Pflege und Betreuung. Die zweite Frage lautet dann, wie Ethische Fallbesprechungen bekannter gemacht werden könnten, um die Nachfrage zu erhöhen. Meine Antwort lautet, dass es vor allem gut durchgeführte Ethische Fallbesprechungen braucht, die zu realistischen Handlungsoptionen führen oder zumindest für moralische Entlastung der Beteiligten sorgen. Das spricht sich in Organisationen und darüber hinaus schnell rum. Damit Ethische Fallbesprechungen gelingen können, haben Irina Ose und ich diesen Instrumentenkasten erarbeitet.

Ethik in Organisationen benötigt aber auch transparente Strukturen. Für diesen Zweck habe ich für die Stiftung Liebenau den Leitfaden zur Implementierung Ethischer Fallbesprechungen (speziell für die Eingliederungshilfe) eingeführt. Ziel ist es, die Kernelemente des Instruments und den Weg der Einberufung einer Ethischen Fallbesprechung vorzustellen. Meine Erfahrung zeigt mir, dass dabei das Motto „In der Kürze liegt die Würze" gilt.[2]

---

2 Übrigens würde ich mir dies auch bei manchen ethischen Stellungnahmen wünschen, die von Ethikkommissionen oder -komitees veröffentlicht werden.

Wichtige Fragen für den Leitfaden

Was ist eine Ethische Fallbesprechung und was unterscheidet sie u. a. von einer pädagogischen Fallbesprechung?

Die Ethische Fallbesprechung ist ein praktisches Instrument zur Bearbeitung von Dilemmata bzw. Wertkonflikten, die sich meist in Ratlosigkeit und Nicht-Handeln-Können der Beteiligten zeigen. Ihre Stärke besteht darin, dass ein interprofessionelles Gremium systematisch unter ethischer Perspektive (den vier medizin-ethischen Prinzipien) die Lebenssituation einer (anderen[3]) Person anschaut.

Wer kann Ethische Fallbesprechungen einberufen?

Ethik in Organisationen sollte Chefsache sein! Dahinter drückt sich die Erfahrung aus, dass alles, was Ethikarbeit in Organisationen betrifft, z. B. die Installation eines Ethikkomitees oder einer Ethikkommission[4], hauptamtliche Ethiker*innen und deren Stellungnahmen und Empfehlungen etc., die Unterstützung der Leitungen auf allen Ebenen braucht. Deshalb haben wir in der Stiftung Liebenau entschieden, dass Fälle für Ethische Besprechungen von Leitungspersonen (Gruppenleitung, Werkstattleitung, Geschäftsführung etc.) eingebracht werden. Die möglichen Vor- und Nachteile dieser Entscheidung sollten von Organisationen individuell abgewogen werden.

Von der Person, die eine Ethische Fallbesprechung in Abstimmung mit der*dem Ethikmoderator*in einberuft, ist die Person zu unterscheiden, die üblicherweise als Fallgeber*in bezeichnet wird. Sie kann der zuständigen Leitung vorschlagen, eine Ethische Fallbesprechung einzuberufen. Fallgeber*in kann jede*r sein.

---

3 Ich habe EFB immer ohne die betreffende Person durchgeführt, kenne aber die Diskussion um die (Nicht-)Beteiligung der Betroffenen. Dies kann zunächst im Sinne einer Grundoption im Leitfaden festgelegt werden. Im Einzelfall ist darüber individuell zu entscheiden.

4 Häufig ist vielen der Unterschied nicht bewusst, deshalb hier der Hinweis: Eine Ethikkommission hat eine Art Weisungsbefugnis. Meistens sind die Mitglieder der Kommission selbst die Ausführenden oder Verantwortlichen. Ein Ethikkomitee hat nur beratende Funktion, kann dadurch aber vielleicht auch etwas unabhängiger agieren.

Wann ist ein Fall ein ethischer Fall?

Meines Erachtens sollten Kriterien aufgestellt werden, anhand derer entschieden wird, ob eine relativ ressourcenintensive Ethische Fallbesprechung durchgeführt werden sollte oder nicht. In der Stiftung Liebenau haben wir uns für zwei Kriterien entschieden:

1. Tangiert der Konflikt Werte bzw. Güter der medizin-ethischen Prinzipien (Selbstbestimmung, physische/psychische Unversehrtheit, Wohlergehen, Gerechtigkeit)?
2. Ist der „Fall" bereits mehrfach Thema in Teambesprechungen gewesen bzw. wurden gängige Handlungsoptionen ausgeschöpft?

Können beide Fragen in den ersten Abstimmungsgesprächen mit der*dem Ethikmoderator*in mit Ja beantwortet werden, wird eine Ethische Fallbesprechung durchgeführt.

Der in diesem Instrumentenkasten vorgeschlagene Ethikdetektor enthält noch mehr Fragen und kann deshalb nicht nur zur Beantwortung der Fallfrage dienen, sondern auch dazu, den moralischen Sinn für bestimmte Situationen auf Seiten der Beteiligten zu schärfen.

Wer ist an der Ethischen Fallbesprechung zu beteiligen?

Möglichst alle Professionen und Entscheidungsträger*innen, die eine Beziehung zu der betroffenen Person haben. Im stationären Kontext sind die Beteiligten schnell gefunden: Üblicherweise werden Vertreter*innen des Teams, Bezugsbetreuung, rechtliche Betreuung, Therapeut*innen und/oder Ärzt*innen und die zuständige Leitung zu der EFB eingeladen.

Was sind weitere Vorbereitungen der Ethischen Fallbesprechung?
Neben der Abstimmung über Ort und Zeit der Ethischen Fallbesprechung ist es hilfreich, wenn die*der Ethikmoderator*in auch schriftlich Vorabinformationen über z. B. den Gesundheitszustand der betreffenden Person erhält. Auch biografische Daten und Informationen über die Betreuung bei Menschen in rechtlichem Betreuungsverhältnis sind nützlich.

Welche Personen stehen als Ethikmoderator*innen zur Verfügung
Im Leitfaden sollten die (organisationsinternen oder -externen) Kontakte der Ansprechpersonen gelistet sein, die als Moderator*innen für Ethische Fallbesprechungen ausgebildet sind.

Implementierungsleitfaden in Fortbildungen nutzen
Schließlich der Hinweis, dass ein Leitfaden zur Implementierung von Ethischen Fallbesprechungen gut für Fortbildungen genutzt werden kann. Teilnehmende bekommen damit etwas Konkretes an die Hand. Der Leitfaden kann Anlass sein, über ethische Konflikte und Dilemmata ins Gespräch zu kommen. Meistens sind (leitende) Mitarbeitende überrascht, weil sie davon noch nie etwas gehört haben. Doch genau dann beginnt der Implementierungsprozess.

Die Autor*innen dieses Büchleins möchten Ihnen, liebe Leser*innen, Mut machen, es auszuprobieren!

Die Autor*innen

Irina Ose ist Pfarrerin, Coach und Ethikberaterin. Als Referatsleiterin des Referats Diakonie und Theologie der Samariterstiftung qualifiziert sie Mitarbeitende in ethischen Themen, führt selbst Ethische Fallbesprechungen durch und verantwortet die Ethikkonzeption der Samariterstiftung.

Dr. Bernhard Preusche ist Sozialethiker und Betriebswirt. Er war über fünf Jahre Leiter der Stabsstelle Ethik der Stiftung Liebenau und Dozent am Diakonischen Institut für Soziale Berufe in Friedrichshafen. Er führte zahlreiche Ethische Fallbesprechungen und Fortbildungen zu pflegeethischen Themen durch. Derzeit ist er Studienleiter an der Evangelischen Akademie Bad Boll im Themenbereich Wirtschaft, Globalisierung und Nachhaltigkeit.

Werteorientierte Führungskultur

Das Buch wendet sich an Führungskräfte und Personen, denen die konkrete Umsetzung einer Führungs- und Unternehmenskultur ein Anliegen ist. Der Autor vermittelt sein Wissen und seine Erfahrungen, die er sich während seiner langjährigen Tätigkeit als Berater, als Leiter des Zentralbereiches Wertemanagement in der Vinzenz Gruppe und als Geschäftsführer einer Nonprofit-Organisation angeeignet hat. Die theoretischen Erklärungen basieren auf der Organisationsentwicklung, der Existenzanalyse und der ignatianischen Spiritualität.

Der Autor zeigt Prozesse und Methoden auf, wie eine werteorientierte Führungskultur konkret umgesetzt werden kann und illustriert die theoretischen Ansätze anschaulich anhand von Geschichten.

Rainer Kinast (Hg.)

Werteorientierte Führungskultur

Theorie und praktische Umsetzung

1. Auflage, 2020

Kartoniert/Broschiert, 166 Seiten

26,00 €

ISBN 978-3-7841-3316-4

www.lambertus.de

LAMBERTUS

SOZIAL | RECHT | CARITAS

Mehr Ethik durch Multirationales Management

Die ökonomische Denkschule des Multirationalen Managements wurde federführend von Schedler und Rüegg-Stürm aus St. Gallen entwickelt, um Wege aufzuzeigen, wie in einem komplexen, dynamischen und heterogenen Umfeld erfolgreich gewirtschaftet werden kann. In Wissenschaft und Praxis breitet sich seither die neue Art zu denken und wirtschaften aus, da sie Lösungen für Herausforderungen bietet, vor denen viele Organisationen heute stehen. Das vorliegende Buch möchte einen Beitrag in der Debatte um das Multirationale Management leisten, indem die sozial- und unternehmensethischen Potenziale der neuen ökonomischen Denkschule aus einer christlich-sozialethischen Perspektive reflektiert werden. Das Buch bietet tiefgreifende Einblicke in die Denkschule, konfrontiert sie mit der Christlichen Sozialethik und stellt Handlungs- und Anwendungsmöglichkeiten der Denkschule für christliche Organisationen vor.

eBook inklusive

Christian Kroll (Hg.)

Mehr Ethik durch Multirationales Management

Sozial- und unternehmensethische Potenziale einer neuen ökonomischen Denkschule

1. Auflage, 2022
Kartoniert/Broschiert, 150 Seiten
25,00 €
ISBN 978-3-7841-3324-9

LAMBERTUS
SOZIAL | RECHT | CARITAS

www.lambertus.de

Ethik in Einrichtungen der Sozialen Arbeit

Der Kooperationskreis Ethik bietet Einblicke in die praktische Ethikarbeit seiner Partnerunternehmen. Das Buch schlägt einen Bogen von der Relevanz der Ethik für die Soziale Arbeit (z. B. in Ethischen Fallbesprechungen) über die Herausforderungen unterschiedlicher Anspruchskreise in der Alten- und Behindertenhilfe, praktische Werteworkshops mit Mitarbeitenden bis hin zu neuen pflegeethischen Ansätzen. Dabei wird deutlich, dass Spannungsfelder in komplexen Lebenszusammenhängen kommunikative, multiprofessionelle Umgangsformen erfordern. Dies hebt den Wert von Empathie als Grundtugend moderner Beziehungsethiken hervor. Ein Buch für alle, die sich für Ethik in verschiedenen Kontexten der Sozialen Arbeit interessieren.

Kooperationskreis Ethik (Hg.)

Ethik in Einrichtungen der Sozialen Arbeit

1. Auflage, 2022
Kartoniert/Broschiert, 116 Seiten
22,00 €
ISBN 978-3-7841-3125-2

LAMBERTUS
SOZIAL | RECHT | CARITAS

www.lambertus.de